Rafaela Hames Castillo

El ritual
de la lluvia

Rafaela Hames Castillo

El ritual
de la lluvia

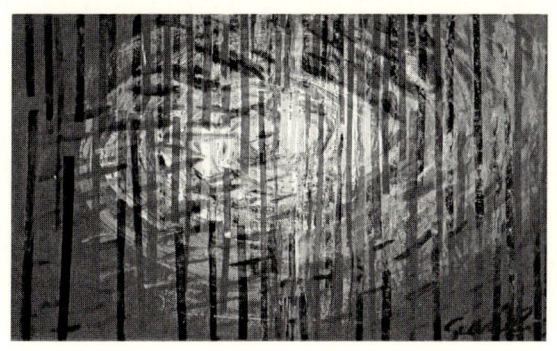

Colección
Dabisse Romero

Primera edición: junio 2025

ISBN: 979-13-990163-9-0

Depósito Legal: MA 865-2025

Impresión y encuadernación: Podiprint

Directora de la colección: Isabel Romero

© Rafaela Hames Castillo, 2025
© Editorial Anáfora, 2025

Prólogo: Alfredo Jurado

Diseño y maquetación: Editorial Anáfora
Ilustración de Portada: María de los Ángeles Lázaro Güil
Logotipo Colección Dabisse Romero: Aguillen Art

Edita: Editorial Anáfora
www.editorialanafora.com
info@editorialanafora.com

Dedico este ritual de la lluvia a mis seres queridos
y creciente familia con quienes participo
del sagrado ritual de la existencia.

EL ENIGMA DE LA PALABRA

Nunca tuve duda al respecto, siempre entendí que la poesía es un género universal fundamentado en la belleza; si los enigmas han acompañado a la historia de la humanidad desde los inicios, también adquieren un protagonismo en la esencia de los significados de las palabras del poeta.

En teoría literaria, la poesía es un espacio al sentimiento; es, por excelencia, el género que aúna intersticios del corazón y de la mente. La interacción poética no es otra cosa que el espíritu del significado unido al significante en el universo que construye el poeta. Consuma la emoción mediante el énfasis contenido en cada verso, pues confluye en el lector, como el agua que transciende su vertiente. Cada poeta descubre y elabora sus propios recursos; los ejercita como quien realizara un ritual mágico. Mediante los signos de puntuación y el ritmo silábico, consigue puntualizar la frontera de tal propósito; también se adiestra en el ejercicio que realiza, su campo semántico. En tal proceso, los significados podrían configurar la magia, la culminación de la palabra en cada verso, en cada poema, como ya sería practicado por los simbolistas franceses, habría espacio para la palabra justa.

Cada poeta puntualiza, ofrece, su propia visión, de modo deliberado; nada es casual; el ejercicio lírico ejerce su imperio en los sentidos, como una mar océana en la que contiene su propio credo poético, su concreta identidad.

Nuestra autora, ejercita una parábola conciliadora consigo misma; un himno a la libertad de los sentimientos; su filosofía es profunda, sensata, como el descubrimiento de la autenticidad de las cosas cotidianas, elevadas a su espacio lírico; nos aboca a la libertad de la luz, a la épica de los sentimientos, a la fascinación del alma, para el sublime hecho de dejarnos huella en el corazón: "*el resplandor de los pétalos de una rosa*", "*cuando todo aparece como un encantamiento*", "*como una tarde que rueda por la vertiente del mundo*".

Si Baudelaire sería considerado como el poeta, por excelencia, de eterna sensibilidad lograda por los sentidos, y consigue que el lector quede hechizado desde tal intención, qué mejor plataforma para iniciarnos a la transparente luz de cada día. Qué mejor indicio no sería, cuando la poeta Rafaela Hames nos aboca a una ventana de esperanza, donde se aprecia la intrínseca percepción de momentos amados; los que nos llenan de felicidad: "*Camina por la calle/ recoge del asfalto/ el aroma del naranjo/ como éxtasis de flor entre sus manos*". Nos invita a un análisis de la experiencia estética; nos predispone a la contemplación, al través de una ventana, entregada así a la satisfacción, al conocimiento íntimo nacido desde el alma.

Después de una dilatada trayectoria, Rafaela Hames, nos entrega nueva creación: *Ritual de la lluvia*, en ella acumula experiencia, sabiduría, dominio de la lírica, ejercitación del ritmo métrico como dominio de lo esencial.

"*Y todo apareció como un ensueño/ como un encantamiento*"… así nuestra autora consigue hacer exacto lo inconcreto, real lo imaginario, para este devenir de un nuevo libro donde se manifiesta con una voz autentificada. Una voz cordobesa, y por ende, una voz abierta al mundo.

… "*La casa se despierta del letargo, / ya no es casa dormida, / en el encantamiento de la espera*".

Nada más concreto, nada más exacto, nada más amable; gracias, Rafaela por tus bellos poemas, por esta albricia.

Alfredo Jurado.

Gracias por compartir este singular y enigmático viaje,
querida familia, entrañables amigas y amigos.
Gracias al poeta Alfredo Jurado Reyes por su exquisito prólogo,
así como a la arquitecta María de los Ángeles Lázaro Güil
por el mágico paisaje de su portada.

Gracias, queridas y queridos lectores.

I. El viaje del rocío

Fascinación

Desde la más profunda oscuridad
de mis cavernas, me es imposible
evitar la irresistible atracción
por el resplandor solar de las rosas.

Al despertar

Despierta la consciencia a un nuevo día,
quiere salir, se arrastra aún perezosa
por las diversas estancias del hogar
donde la luz flotante de los sueños,
fiel a los designios de su orden,
moldea los paisajes y los hechos.

Llama suavemente a las cerradas
puertas de los ojos y se abren
poco a poco los párpados, se queda
un tiempo recostada en las pestañas
y contempla cómo la oscuridad,
apenas vulnerada, se desgarra
y vierte en hilos de sangre lumínica

dando forma de nuevo a los muebles
y color a visillos y paredes,
provocando la huida de tímidos
fantasmas y duendes que no quieren
ser vistos y corren para ocultarse
en la geometría de los objetos
o bajo la cubierta de algún libro.

Se sacude los últimos vestigios
oníricos e instala en las retinas
y en todos los sentidos. No dejará
tampoco hoy de asombrarse de las cosas
del mundo y de los hombres y aguarda
paciente que una vez más el espíritu
del café, con su aroma, la conforte.

La poda

Es mañana de abril que se levanta
y abre sus ventanas de aroma y luz;
el cielo se despierta liviano,
su noche ha sido plácida y los sueños
permanecen aún en su memoria
celeste dando forma a las nubes.

Podan los jardineros los árboles
que ocupan las aceras y una riada
de azahar, hojas y ramas se desborda
e inunda en trombas la calzada.

Una mujer camina por la calle,
se inclina y recoge del asfalto
el derramado aroma del naranjo
para llevar consigo un ramillete
de éxtasis en flor entre sus manos.

Aún no han acudido golondrinas
ni vencejos pero en la calidez
se dejan oír los primeros compases
de trinos y batir de alas jóvenes.

Pareciera que el mundo es ahora
un paraíso ajeno a la tristeza,
la discordia, el dolor o la injusticia.

Descanso del trabajo unos minutos:
es la hora del desayuno. Contemplo,
respiro hondo, siento que me he nutrido.

Bar de barrio

Ha llegado la niña con su olor
a virutas de lápices de color
a la terraza del bar a mediodía,
se acerca a una mesa que sucumbe
en su liana alcohólica y festiva:
se apaciguan jaranas, voces, risas,
como si hubiera llegado un ángel
y con él se disolvieran los males,
los rencores, los afanes turbios,
el cansancio adulto, la frustración
y el infortunio y por un momento
la vida de todo el mundo cambiara,
obtuviera armónico sentido
y se hicieran todos niños: las beatas,
los vecinos, los chulos, las hetairas,
las amas de casa, los jubilados,
el mosaico entero de parroquianos
del bar que hay debajo de mi casa.

La ensoñación

Todo aquella tarde a nuestro alrededor
era alegre, incluso el invierno
se retiró inseguro, con cautela
y se ocultó en alguna rendija.

Todo era alegre, hasta las calles viejas
que obviaron en su musgo la nostalgia
de costumbres desvaídas, cuando las mujeres
renovaban la albura en la piel de sus paredes
y cuidaban las múltiples formas y aromas
que extasiaban al mundo en primavera.

Todo cobró de nuevo aquella tarde,
por un destello de instantes su esplendor;
hasta las mismas casas que de nada
nos conocían, parecían saludarnos
con su ajada expresión de viejas meigas
contadoras de historias. De repente,
de uno de los portales desdentados,
salió una algarabía de perros, niños,
jóvenes y adolescentes pletóricos
de júbilo que desaparecieron
enseguida dejando un sobresalto
y un temblor en la plaza estremecida.

Y todo apareció como un ensueño
o un encantamiento: fue alegre todo,
incluso mi desazón y el desamor
incipiente, en medio de una tarde
de invierno recién engullida
por la noche, en un barrio muy viejo
y medio hundido al fondo de los siglos.

Ausencia

A solas quedó la taza
vacía sobre la mesa,
se extinguieron hace rato
sus espirales de humo
y dejó también de oírse
el tintineo de plata
al chocar en sus paredes
circulares removiendo
la dulzura del azúcar
y provocando el pequeño
remolino aromático
del café en su interior:

Alguien pagó su cuenta,
dio un último sorbo y se fue.

Queda sumida en la plúmbea
luz de una mañana invernal
la escena de unas sillas
sin ocupar alrededor
de una mesa desolada
con una taza vacía
en la terraza de un bar.

II. El viaje de los cauces

Paradoja

La brisa se avienta y orea diluida en una luz
festiva, muy joven, casi niña a mediodía
de un enero recién aparecido que trae
en sus bolsillos caramelos y, escondidos
entre ellos, juguetes que le sirvan de recreo.

Se hace extraño que todos los eneros, tan solemnes,
tan austeros, disfruten de memorias estivales
mecidas en mareas salobres y lejanas
que se agitan en los ojos de un corro de ancianos
mientras cuentan semillas y hacen sus apuestas
sentados alrededor de una mesa camilla.

Ya se aleja la luz de este mediodía de enero,
se disuelve en tarde que rueda por las vertientes
del mundo, una bandada de aves milenarias
y blancas cruza el cielo tras ella, centelleantes,
como una constelación de estrellas fugaces.

Por la senda de poniente

Pasea bajo la pérgola la luz de la tarde
y, previo a despedirse en penúltimo destello
de pétalos, se sienta a descansar unos instantes
y extasía en el aroma múltiple de la glicinia
mientras hace sus reflexiones de fin de día
acerca de lo efímero, lo verdadero y lo bello.

Sobre la superficie bruñida de los bancos
del parque, ha dejado olvidados sus reflejos
adrede con el fin de que la noche los encuentre.

Fluvial

Cerca del río, es cierto, el aire
obsequia claridad a sus mensajes
y el fluir de la sangre se acompasa
al latido antiguo de su corazón;
participo así de todo aquello
que ninguna importancia tiene
salvo la intensidad de un momento
como reino imperecedero de paz.

Voces de hombres se oyen a lo lejos,
confusas, cual si fueran tamizadas
por el cañaveral de la ribera
y escritas con las plumas de las aves
que entre las ramas construyen sus nidos;
voces de hombres, salmos peregrinos
que surcan la corriente de las aguas,
acaso la voz misma de otros hombres
cuyo eco giró en los cangilones
de la noria movida por el tiempo.

La misma voz, quizá, que un día recorra
este paisaje con nubes de septiembre,
cuando ya no sean estos hombres
quienes hablen, ni yo quien participe
de cuanto ninguna importancia tiene.

Padre e hijo

Se han sentado en el pretil del puente
dejando libre el peso de sus piernas,
balancean los pies como si fueran
pájaros que van y vienen y saltan
sobre las ramas aéreas de la brisa.

Palpita en su dedo corazón
un anhelo de alas para salvar
cordilleras, océanos y bosques,
para sobrevolar, también, el afán
que oculta el tiempo entre sus pliegues.

Descalzan los pies y abrazan el aire
y balancean el tacto de la tierra
que late en la memoria de sus pasos;
arrojan al vuelo sus ojos: miran
la lejanía, el horizonte, el pueblo
pequeño que les acoge en el valle.

Sobre el lecho del río están sentados,
a gran altura, un hombre y un niño,
acaso un mismo ser que contempla
el pasado vestido de futuro.

Han dejado caer sus sandalias
al vacío, la corriente las lleva;
tal vez descansen en algún remanso
bajo el sol, anidando entre los juncos
mientras le crecen flores
y sueñan nuevos pasos.

El puente

Porque el olor a recreo del colegio
siempre es el mismo y se repite
el invierno como un eco en las calles,
es que él mismo dibuja en sus cuadernos
puentes por donde cruzan, van, vienen,
se saludan, dialogan y despiden
sin saberlo, las voces infantiles
del pasado y estas que oigo ahora
procedentes del patio del colegio.

III. El viaje de las olas

La casa cerca del océano

El tiempo esparcía las horas de aquella casa
contra el océano celeste de sus paredes.

Era el tiempo, en aquella casa, como una noria
incansable y lejana que arbitrara las aguas
haciendo que sonaran los instantes
ausentes, forasteros y errantes
sobre el quedo crujir de las ventanas.

Se habían constituido los objetos
en poblaciones bien organizadas
de vajillas, cristales, cubiertos, útiles
y enseres dichosos de dar la bienvenida
a la luz; después de todo, la callada penumbra
que quedó a vivir en aquella casa atlántica,
era como una joven llena de plenitud
que aguardara paciente, jugando a las hadas,
a que alguien abriera la puerta para salir
y regar los macizos de violetas que nutrían
el porche, extender sus velos sobre los muros
y sendas que bajaban al mar y mecer la brisa
dormida en los tejados antes de regresar.

La casa de las vacaciones. El regreso

De repente, la casa despierta,
abre inmensos sus ojos, redondos,
de sorpresa, igual que los de un niño
que se llena de dicha al celebrar
sin saberlo el prodigio de la vida.

Se alboroza la casa al ver abiertas
sus ventanas por donde entra la brisa
y agita el aroma de las flores
estampadas que hay en sus cortinas.

Parece sentirse útil, necesaria,
la casa y por ello va cobrando
sentido de sí misma y acrecienta
la intensidad de luz en sus lámparas,
trota joven el agua de los grifos,
bufan las cafeteras al compás
de la charanga que han improvisado
sartenes, cacerolas y marmitas.

De repente, la casa se desprende
de su letargo y no es casa dormida
en el encantamiento de la espera:
con unos pasos simples, familiares,
que regresan, se ha llenado de vida.

La vieja carpintería de El Palo

Contempla el viejo carpintero
los espacios sentado en su silla
de anea de toda la vida:

la viga de madera que sostiene
el techo, las paredes en penumbra
y, entre ellas, los recuerdos,
los antiguos trabajos, los encargos,
el trasiego diario, los amigos
ausentes, los detalles del pasado
más triviales ahora relevantes,
los muchos hijos, sus primeros pasos...

Todavía fluctúa en el recinto
la fragancia expandida de los bosques
disuelta en la viruta por el corte
certero de la sierra, en el viejo taller
abierto a la antigua vía férrea
que recorría la costa y soñaba
con sirenas capaces de esquivar
las luces de los faros y guiar
en la noche el rumbo de las jábegas.

El viejo carpintero, en las mañanas,
abre un rato sus puertas e inicia
su diálogo silente y pausado
en derredor sin que falte a su rostro
la sonrisa de quien está conforme
y en paz con cuanto le dio la vida.

Afuera están clamando los muros
desconchados, las puertas deformadas
por el tiempo y la humedad, el cielo
de verano rutilante de luz,
los dompedros, jazmines y geranios
ebrios de aroma, brisa marina y sol,
los juegos de los niños mientras crecen
y el cambiante ritmo de la ciudad.

Por su parte, el mar, continúa llenándose
de confetis salobres, transparentes,
en monólogo infinito de oleaje.

Olor a rosas

Me sorprende, a veces,
un cierto olor a flores,
como si hubiera un jardín
oculto en las cortinas
y al moverlas la brisa,
se expandiera el aroma
de un parterre de rosas
comprimido en sus ondas.

Se dice que el momento
en que muere un ángel,
una sutil fragancia
de rosas llena el aire.

¿Será el preciso instante,
poco antes de nacer,
cuando adquiere su alma
un hombre o una mujer?

La casa de las vacaciones. La partida

¡Qué calladas se quedan las estancias y quietos
los enseres y objetos cuando se cierra la puerta!
Las lámparas parecen presentir el abandono
y, apagadas, aún se apagan más en su letargo
y acomodan por tiempo indefinido en su postura.

Tal vez con nostalgia anticipada, las siluetas
y paisajes que habitan los cuadros se acercan
y estrechan en abrazo de tristeza compartida.

Parece que la casa entera se resigna a la ausencia
y se recoge una vez más en meditación
de quietud forzada, en el vacío de sus paredes
blancas, en la tersura huérfana de sueños
que dormita en sus sábanas. Un adiós silencioso
flota en las persianas mientras bajan desganadas.

Suena el pestillo afuera y el rodar de las maletas.
Adentro se prepara a dormitar en penumbra
la vida que no ha de volver, la vida transcurrida.

Playa sin veraneantes

Con el rubor violeta del crepúsculo
expandido en su torso y un mandala
arcano destellando en sus pupilas,
pasan todo el invierno mirando el mar,
desde la amplia orilla, las gaviotas.

Pasan así, en meditación añil
de mediodía invernal, congregadas
en ritual de salina brisa y débil sol,
las gaviotas, escribiendo salmodias
apenas con su vuelo a ras de agua
y libros vernáculos con la rúbrica
fugaz de sus huellas en la arena.

¡Y el mar, el mar que salta y lanza al viento
sus bengalas de agua, y alcanza el cenit,
y se derrumba en indómito alud de olas!

¡El mar, que no se cansa de mostrar a la playa,
la atronadora verdad de su parábola!

Ocaso de otoño junto al mar

Finge la luz ser de otros lugares,
escondidos, quizás, en alguna línea
de las múltiples vidas que surcaron
sus manos. Aparenta la luz, finge
y se desvanece en alguna espiral
de los cabellos, una que el viento
moldee y deshaga sin cesar
mientras cae el otoño en el paisaje
y se desploma en una inverosímil
magnitud de colores imposibles,
algunos, como si a un ángel aprendiz
de artista se le hubiera caído
sobre el lecho del mar toda su gama
de témperas rosadas.

Finge la luz ser joven en la cal
blanca e impoluta de las casas,
en el largo, ingrávido decir
de las gaviotas, en los níveos
racimos de espuma y sal que penden
de las olas, en el abandonado
campo de amapolas de un crepúsculo
apenas existente.

Finge la luz ser nota musical
de una canción de verano, finge
su risa, pero es otoño y los días
se acortan y queda mucho tiempo
desprovisto de ella, que se retira
dejando atrás el peso
de una despedida.

El sosiego

Ahora que los bañistas se ausentan,
hay más barcas varadas en la playa
y deviene un mayor colorido
de formas, de aperos y silencios;
salen las mujeres con propósito
factible de sosiego a mirar
las aguas, descansar las piernas
y el corazón mientras algunos corros
de niños se concentran en sus juegos
y construyen efímeros zigurats
con la arena en torno al horizonte;
corren los perros libres ladrándole
a las olas; algunos hombres se hablan
a lo lejos, a voces; las gaviotas
se congregan como si fueran madres
de marinos que aguardan en la línea
primera de las aguas. Los columpios
del paseo están vacíos, es perfecta
ocasión de balanceo.

IV. El viaje de la lluvia

El viaje de la lluvia

Me lleva de regreso, esta lluvia
de verano, a través de los ojos
diminutos de aquellas agujas
que enhebrábamos de luz,
al lecho de celindas que mi abuela
disponía en su regazo las tardes
soleadas y tempranas de costura.

Viajo en sus hilos transparentes
de agua al tiempo aquel brillante
de la infancia y a las horas de siesta
que hacían remiendos y cosían
botones y vestidos de muñecas
con los rayos del sol.

Viaja en su alfombra mágica
de nubes pasajeras esta lluvia
estival sobrevolando los sueños
del mundo en la siesta.

Y es así, que apoyada mi cabeza
de niña en el regazo de mi abuela,
fue que me soñé a mí misma sentada
en un banco una noche de verano,
como ahora, escribiendo un poema.

Colores Alpino

Huía el color de aquellos días
a mundos despejados, más dichosos,
dejaban solo un pequeño reducto
de su luz en la redonda esbeltez
de los lápices Alpino que yo
atesoraba en su caja de cartón
después de dar color a mis dibujos
infantiles en la mesa de formica.

Admiraba el orden de su escala
que era ante mis ojos y mi tacto
como un teclado de armonía.

Al posar mis dedos de niña en ellos,
debía parecer una pianista
nostálgica de su infancia dormida
en mundos despejados y dichosos.

El ritual de la lluvia

Llueve a raudales el tiempo,
serpea, abundante y transparente
como el agua, las lisas autopistas
de cristal de mis ventanas.

Afuera de mi casa está lloviendo
y todo celebra el ritual sagrado
de la lluvia en plena danza de vida.

Observo guarecida a este lado,
hay junto a mí una flor agostada
agitando como puede sus débiles
raíces que, aún vivas, remueven
la tierra sedienta de su tiesto.

Abro de par en par cada ventana,
coloco la maceta en un alféizar
y salgo a la calle con lo puesto,
he olvidado el paraguas
a propósito.

Lunares

Un lunar es una isla que quisiera
ser continente surcado de ríos
en el océano desnudo de la piel,
incluso, un planeta que albergara
continentes, océanos, glaciares,
desfiladeros, ríos y cavernas.

Pero es, en realidad, el resultado
de un tránsito de estrellas que en su largo
viaje de centurias, a través
del tiempo y el espacio, diseñó
la orografía perfecta del cuerpo
y trazó el mapa estelar de la piel
a imagen y semejanza
de una constelación o una galaxia
disponiendo, quizás, el devenir
a partir de sus signos jeroglíficos.

El momento

Las hijas del solsticio de invierno
abren las jaulas del crepúsculo
poco antes de que el sol, redondo
como el vientre de una diosa madre,
se hunda en las aguas de la tarde-noche
y liberan tribus enteras de aves
que cruzan como saetas gigantes
y ligeras océanos celestes.

Se oye como una canción de ala
y nube por los túneles translúcidos
del aire: soy dueña y señora,
quien cabalga con las crines sueltas
de mi tiempo, quien dice aquí y ahora.

Las manos

A veces las miro como si fueran
valles, floresta, campos de cultivo
u osarios donde reposa y florece
victorioso el olvido.

Las miro a veces, como si supiera,
quiromante experta, leer en ellas
y me pierdo en sus redes de senderos,
encrucijadas, llanos, laberintos,
bifurcaciones, lomas y desiertos
y creo reconocer en sus paisajes
el rostro de algún dios cuyo nombre
se perdió con sus antiguos rituales.

Como si supiera leer el destino,
las miro en su momento de descanso,
a veces meditando, o dormidas,
cansadas de aprender a tantear
el paso de los años, procurar
sustento, confortar desconsuelo,
o entregar, si hiciera falta, el alma
con su tacto.

A veces las contemplo mientras riego
la tierra y un murmullo de árboles
me habla de visiones y enigmas
que intentan resolver con sus versos
los poemas y una fértil vaharada
de espliego sacude mis sentidos.

A veces las descubro ausentes,
absortas en afanes de otros mundos,
quizás en ensoñaciones propias
de manos laboriosas; las contemplo
y recuerdo el contacto de la lluvia,
del aire, del calor del sol y entiendo
que quisieran ser flores, alas, raíces,
las manos que acarician y saludan,
que llaman y tiemblan al despedirse.

Huesos

De un tiempo a esta parte, hay dos viejos
de cráneo reluciente instalados,
no sé si para siempre, en la oquedad
que, al parecer, había en mis rodillas.

Y siento cómo tratan de vencer
su fatiga: bostezan y se quejan,
acaso interpelan al sendero
recorrido a lo largo de su vida.

Y es entonces que un sordo crujido
se abre paso igual que un estilete
en las lisas vertientes de mis huesos.

V. El viaje de las nubes

Una mujer de su casa

Aquellas mujeres que hoy recuerdo,
tan lejanas, tan grises de mi infancia.

Entonces, yo creía que eran así
las mujeres: de anónimos andares
y presencia cansada, les recuerdo
pocas risas y la mirada lánguida.

Hoy, de repente, así me ha venido
la imagen de la madre de una amiga
del colegio, al cabo de tantos años
que solo su existir me ha sorprendido.

Pero, sobre todo, lo inaudito,
ha sido constatar su juventud
escondida bajo un pesado cuerpo,
siempre envuelto en ropas muy oscuras
a las que nunca faltaban hilos
adheridos de una interminable,
tristísima costura que tal vez
fuera la causa de aquellas ojeras
permanentes presidiendo la piel
de un rostro que parecía desconocer
la naturaleza del aire y la luz del sol.

Aquella mujer, cansada de barrer
año tras año las hojas caducas
de su comedor y de su alcoba,
de ambientar las estancias de su casa
con el solo aroma de sus guisos;
aquella mujer de peinado idéntico
día tras día hasta que dejé de verla
tras el último día del curso último
que fui al colegio y antes de olvidarla
hasta ahora mismo, hasta este momento.

De profesión, sus labores

Hoy sé un poco más de todas aquellas mujeres
(incluidas mi madre, mi abuela o mis tías),
aquellas mujeres que parecían tan mayores
cuando muchas de ellas tendrían por entonces
edad suficiente para ser hoy mis hijas.

Hoy sé a ciencia cierta de aquellas que en secreto
ansiaban poseer una fórmula infalible
con que, llegado el caso, poder envenenar
a sus maridos, o dejar encendida la plancha
a toda potencia sobre las sábanas y huir
sin mirar atrás, sin rumbo fijo, con lo puesto,
abandonando en el fuego la comida. Y, por contra,
sé también de aquella candidez y mansedumbre
de las jóvenes que dejaban transcurrir sus horas
a la espera de una llamada que no siempre se producía
y de aquellas, atrevidas, que quedaban en entredicho
porque, de vez en cuando, el sonido de un claxon
las reclamaba en la tarde y bajaban volando
con el aire de su vestido nuevo aromado de colonia.

Sé también de viudas suplicantes, parias de un ideal,
muertas en vida, cargadas de luto y de hijos
y de aquellas solteras a quienes acechó la oscura
promesa de unos hijos sin apellido o la gestación
entre sus piernas de un suicidio imprevisto.

Hoy sé de mujeres que ardieron en piras de odio
y también de aquellas supervivientes a naufragios de vino
peleón, aguardiente, balones errantes y fichas de dominó.

Descubro hoy que no eran viejas aquellas mujeres
que inventaron sus códigos en el jabón de la pila
y el fregadero de piedra, que tomaban gaseosa
y compraban cacahuetes en las noches de verano,
comadres que cuidaban de sus hijas y nietas
sentadas a la fresca en el portal de su casa.

Hoy me consta que fueron amputados a los hombres
su sístole y diástole bajo un decreto de barbarie
venido a dirigir sus gestos y sus pasos,
que hubo hombres proscritos por no encajar en los moldes.

Hombres, los más, temidos e insensibles.

Hoy sé de gritos reducidos a susurros
enjabonados que ascienden en su burbuja
limpios, transparentes, hasta que allá,
en las alturas se rompen
y todo el mundo,

> todo,

> > todo se desvanece.

Niñas jugando en el mar

Tal vez dentro de muy poco, cuando ya adolescentes, después jóvenes y luego adultas, inmersas en el tráfago de sus múltiples afanes, no recuerden, para nada, este momento, este momento de infancia, de pies muy tiernos y pequeños hundidos en la salada arena, mojados por la invernal espuma mediterránea que se mece en la playa durante los primeros y soleados días del mes de enero, este momento de brisa mansa y sol liviano acariciando su piel niña y haciendo dibujos efímeros con su pelo rubio en el aire cálido.

Tal vez ya, en la tarde, ni se acuerden de este preciso, matinal momento, aunque otro día quieran volver aquí, justamente, para seguir jugando, arremangados los pantalones, descalzas en la playa.

Mañana, o quizás otro mañana mucho más lejano, tanto que puede que usen gafas o vengan caminando despacio sobre la arena de la playa, calentándose los huesos, confortando el alma, es posible, o no, que recuerden, con el cabello de plata y de repente, una mañana de infancia de los primeros días de enero, cuando chapoteaban descalzas, las amigas, en la playa.

Tempus fugit

No queramos poner
nombre a las nubes,
contemplemos mejor
su tránsito, no hay
tiempo para más.

ÍNDICE

Número 14 de la
Colección Dabisse Romero
bajo el cuidado de
Isabel Romero,
directora de la colección.
Se acabó de imprimir en Málaga,
en el mes de junio del año 2025,
bajo el sello editorial de **Anáfora**.